Б
1676

ÉTUDE

SUR

LES INONDATIONS DE 1866

A PROPOS DE LA RUPTURE

DE LA DIGUE INSUBMERSIBLE

DE

Gohier, Blaison, Saint-Saturnin, Saint-Sulpice, Saint-Jean-des-Mauvrets et s'arrêtant au Bois d'Angers.

PAR

M. F. LACHÈSE

Architecte honoraire du département de Maine et Loire.
Membre titulaire de la Société impériale d'agriculture, sciences et arts d'Angers.

ANGERS

IMPRIMERIE P. LACHÈSE, BELLEUVRE ET DOLBEAU

Chaussée Saint-Pierre, 13

1866

possibilité de remplir leurs devoirs religieux et de donner à leurs enfants l'éducation la plus indispensable ; enfin les registres de son état civil sont conservés dans une des pièces de l'habitation du maire, qui sert, également, aux réunions et aux délibérations du conseil municipal. Sa population ne dépasse pas 260 âmes.

Mais si la commune est aussi petite et aussi pauvre que possible, où trouver une position plus charmante que celle occupée par le hameau de Gohier?

Ses maisons champêtres, entourées de jardins, dominent une vallée délicieuse, véritable Eden, où se trouvent réunis, dans un espace de quelques lieues carrées, tous les trésors de la campagne, un jour splendide, l'air le plus pur, une végétation luxuriante produisant, à profusion, les fleurs les plus belles, les fruits les plus savoureux, les arbres du plus beau port, aux essences les plus variées, où mille oiseaux divers viennent asseoir leurs nids et animer le paysage par la variété de leurs concerts.

Bien plus ce charmant hameau se trouvant séparé depuis des siècles, des grandes artères de la circulation publique, d'un côté, au sud par un coteau fort élevé dont la pente rapide s'opposait à la construction de chemins faciles ; de l'autre, au nord par les eaux de la Loire, ses habitants ne furent troublés, dans leur quiétude, par aucun des événements politiques tels que les guerres de la Vendée et de l'Empire, les Cent-Jours, l'invasion étrangère, la Restauration et la révolution de 1830 qui, durant quarante années, ont occasionné tant d'agitations, de malheurs et de ruines, dans le reste de la France!

Ils ne connaissaient alors d'autre autorité que celle de leur maire, tout à la fois leur ami, leur arbitre en toutes choses, homme de mœurs douces et aimables, n'ayant d'autre ambition que l'affection et la confiance de ses administrés[1]; enfin, ils n'apprenaient les modifications successives du gouvernement de notre patrie que par le changement des couleurs arborées au sommet des mâts naviguant sur la Loire.

Mais le gouvernement de Louis-Philippe ayant décidé la création des routes stratégiques, et demandé qu'une grande impulsion fût donnée à la viabilité du royaume, M. Gauja, préfet de Maine-et-Loire, fit connaître au Conseil général, dans la séance du 31 août 1839, qu'il avait décidé plusieurs communes à voter des subventions pour la construction d'un système de ponts indispensables dans un pays traversé par un si grand nombre de rivières, pour relier entre elles les diverses voies de communication.

Dans la séance du 31 août 1841, M. Bellon, successeur de M. Gauja, assurait au même Conseil général que les ponts des Rosiers et de Saint-Mathurin, en amont de Gohier, et ceux de Chalonnes, de Montjean et d'Ingrandes, en aval, étaient en cours d'exécution sur la Loire. En effet, ces travaux marchèrent rapidement, et dès 1841, le pont de Saint-Mathurin, ainsi que la levée vers Saint-Rémy, formant le complément de la route départementale n° 21, furent livrés à la circulation. A partir de cet événement, il fut impossible de rester inactif; aussi, quelques années plus tard, entraînée par l'exemple et par la force des choses, la

[1] M. Jacques Commeau, qui a été maire de Gohier pendant plus de 60 ans.

commune de Gohier suivit le mouvement général et renonça au calme d'autrefois; en conséquence, elle s'unit à ses voisines de Blaison, Saint-Sulpice, Saint-Saturnin et Saint-Jean-des-Mauvrets, dans le but de former un syndicat pour la construction d'une levée insubmersible, destinée à protéger les terres cultivées de leur fertile vallée, contre les débordements des eaux de la Loire. La commune de Juigné refusa de faire partie de ce syndicat. Cette levée fut exécutée dans les années 1846, 1847 et 1848; elle coûta plus de 300,000 fr., dont les deux tiers ont été payés sur les fonds du syndicat et un tiers par l'Etat.

Sa tête fut établie à $25^{m},17$ au-dessus du niveau de la mer (prise à Marseille), à 13 mètres du lit du fleuve et suivant une courbe de 220 mètres de longueur avec un rayon d'environ 190 mètres, pour devenir une ligne droite, sauf quelques légères inflexions, dans tout le reste de son étendue, soit 7,700 mètres ; sa longueur totale, de Gohier au Bois d'Angers, où elle s'arrête, étant de 7,920 mètres.

Sa pente, comme celle de la Loire, est en moyenne de $0^{m},25$ par kilomètre, et de $1^{m},98$ à 2 mètres pour la totalité des 7,920 mètres. Le corps de cette levée est malheureusement formé d'emprunts faits au sol voisin, c'est-à-dire de sable, qui permet trop facilement l'infiltration des eaux. Elle présente, un ensemble composé de cinq parties : 1° d'un talus vers nord, d'une hauteur, en moyenne, de $3^{m},40$, revêtu d'un perré en moellons durs du coteau, avec escalier de dix-sept marches, pour descendre sur les terrains joignant le lit du fleuve;

2° D'une chaussée de $3^{m},20$ de largeur, élevée de

5m,50 au-dessus de l'étiage de la Loire, et de 3m,47 au-dessus des terrains qui la joignent, et qui n'est ni pavée, ni macadamisée;

3o D'un talus de 2m,30 de longueur, semé d'herbes diverses ;

4o D'une banquette de 3 mètres de largeur, située à 1m,40 en contrebas de la chaussée, et semée d'herbes diverses ;

5o Enfin d'un talus de 2m,20 de longueur (réduite), vers sud. Le tout occupant, en plan, une largeur de 12m,80, sur une hauteur de 2m,50.

Quels ont été les résultats de cette création dispendieuse? Avant la construction des ponts et des levées des Rosiers, de Saint-Mathurin, de Chalonnes, de Montjean et d'Ingrandes, en Maine-et-Loire seulement, les plus grandes crues de la Loire inondèrent les rues basses du hameau de Gohier, dans une hauteur de 1m,10 en 1843, 0m,78 en 1844, 0m,25 en 1845, 0m,73 en1846; les eaux montèrent à ces mêmes hauteurs dans les champs situés au niveau de ces rues basses, pour arriver à zéro à une distance moyenne de 80 à 95 mètres du côté du coteau; puis elles se retirèrent, sans effort, comme elles étaient venues, en laissant un limon salutaire sur les terres que les cultivateurs se gardaient bien d'ensemencer avant l'hiver, comptant sur la présence presque annuelle du débordement des eaux du grand fleuve.

Après l'achèvement de ces ponts et des levées qui en dépendent, les habitants de la vallée crurent qu'ils pouvaient avoir confiance dans la protection de leur digue, et jouirent durant sept à huit années de cette confiance, mais dès 1856, le 4 juin, les eaux de la Loire ayant atteint la hauteur de 5m,30 au-dessus de leur lit de sable, allaient passer par-dessus la tête de la digue, lorsque des infiltrations graves survinrent et furent bientôt suivies d'une rupture par laquelle un flot énorme se précipita dans le hameau et dans la vallée de Gohier, détruisant les récoltes et ensablant toutes les terres placées sur son passage.

Ce flot, d'une longueur primitive de 1m,50 à 2 mètres, mal combattu dans ses effets destructeurs, s'agrandit en peu de temps d'une manière considérable, en détruisant la digue dans une longueur de 59 mètres en amont, et de 141 mètres en aval. L'inondation des rues basses et des rez-de-chaussées de plusieurs des habitations atteignit la hauteur de 1m,20 (dépassant de 0m,10 les plus grandes crues connues avant la création des levées insubmersibles), les dommages éprouvés par les propriétés riveraines furent considérables, et pour rétablir la levée dans une longueur de 200 mètres, M. le préfet Vallon, dans un rapport soumis au Conseil général, dans sa séance du 20 août 1856, portait à 105,666 fr. la somme nécessaire à demander au budget.

Depuis cette réfection, Messieurs, plusieurs années se sont écoulées sans fâcheux accidents.

En 1865, l'administration des ponts et chaussées, voulant donner plus de garantie à l'avenir, fit relever la chaussée de la digue de Gohier de 0m,75 à 0m,80, depuis la tête jusqu'à l'extrémité de la coupure de 1856, et fit remplir, non plus avec du sable, mais avec des terres végétales tassées avec soin et semées de luzerne, l'espace compris entre les deux sommets des deux talus, vers sud, de telle sorte que le profil de cette digue, dans la longueur de 142 mètres, ne présente plus que trois parties au lieu de cinq, à savoir : un talus, vers nord, de 6 mètres (réduits) de hauteur, perré, une chaussée de 3m,90 de largeur, et un talus de 9 mètres de longueur, semé de luzerne, vers sud.

Cependant, le vendredi 28 septembre dernier, la Loire, qui avait grandi de plus de deux mètres la veille, continua à s'élever de 0m,04 à 0m,042 par heure, en charriant d'énormes écumes.

Le samedi 29, les eaux montaient toujours, la pluie tombait avec force et sans intermittence, la population tout entière était dans l'inquiétude. MM. les Maires de Gohier et des communes voisines, à la tête de nombreux travailleurs, passèrent toute la journée du samedi, la nuit du samedi à dimanche et tout le dimanche à renforcer, au moyen de foin et de gros moellons de grès, les parties de la digue qui paraissaient les plus faibles, et particulièrement tout le talus en terre exécuté en 1865. En effet, il était facile de reconnaître les endroits où les secours étaient les plus indispensables, en marchant lentement sur ce talus, qui cédait sous les pas là où les eaux d'infiltration commençaient à se faire jour.

Dans la nuit du dimanche au lundi 1er octobre, les travaux de défense continuèrent, le tocsin fut sonné pour prévenir la population de la vallée de Gohier à Saint-Jean que tout faisait craindre une rupture de la levée dans le même endroit qu'en 1856 (la Loire ayant atteint comme à cette époque la hauteur de 5m,30); les eaux remontaient dans cette vallée depuis le Bois d'Angers (où cesse la digue insubmersible), dans les terres cultivées et jusque dans les jardins de Gohier. Les populations de la rive droite, aussi fatiguées, aussi agitées que celles de la rive gauche, attendaient avec anxiété une catastrophe qui paraissait imminente, lorsqu'à neuf heures trois quarts du matin, une voix formidable annonça que la Bohalle et Saint-Mathurin étaient sauvés ! Les eaux du fleuve, qui ne formaient qu'une seule nappe de la grande levée à celle de Gohier, venaient de se frayer un passage dans cette dernière, au droit du chemin Niveleau, vis-à-vis le bourg de Blaison, mais loin de ses habitations, à 1,153 mètres de la tête de la digue, et à 1,011 mètres du point de rupture en 1856. Ces eaux se précipitant dans la vallée d'une hauteur de 3m,70, déracinèrent les arbres, creusèrent le sol, emportèrent les pierres du perré à des distances de 55 à 60 mètres vers le sud, ensablèrent 19,250 mètres de champs cultivés et remontèrent dans la vallée, jusqu'au hameau de Gohier, où les jardins et les rues basses furent inondés à la hauteur de 0m,85 à 1m,60.

Par un hasard providentiel, deux forts bateaux se trouvaient amarrés à la tête de la digue, au moment du sinistre ; et leurs grandes voiles ayant été mises à la disposition du cantonnier chargé de la surveillance de cette digue et de plusieurs riverains, aussi dévoués que forts et adroits, ces voiles jetées en amont et en aval du flot, sur les parois de la digue, où elles étaient maintenues à l'aide de cordes et de pierres par les intrépides travailleurs, combattirent pied à pied la force des eaux, à ce point qu'au lieu d'arriver à la longueur de 200 mètres, comme en 1856, la brèche n'a pas dépassé 96 mètres.

Sous l'emplacement de la levée, le sol a été excavé de quatre à cinq mètres, et l'eau ne peut s'écouler d'un pareil bassin.

Le devis des travaux de réfection de cette levée porte la dépense, non compris la valeur des terres, à 32,000 fr.

L'adjudication, fixée au 1er décembre dernier, a trouvé un adjudicataire, avec rabais de 5 % sur le prix d'estimation. Mais quelles que soient les injonctions du cahier des charges imposées à l'entrepreneur, peut-on espérer qu'à une époque aussi rapprochée de l'hiver, les crues de la Loire ne viendront pas empêcher les épuisements, et par suite les travaux d'enrochements et de remblais? Cela n'est guère possible, et l'année 1867 tout entière se passera avant que la vallée de Blaison puisse être cultivée en sécurité, autant que la sécurité peut se trouver là où nulle confiance n'est inspirée par la puissance des moyens opposés à la force incalculable des crues simultanées de plusieurs fleuves et rivières réunis!

Bien plus, de nombreux affouillements ont eu lieu dans toute la longueur de la digue, et nul ordre n'a été donné jusqu'ici pour combler ces excavations dangereuses. Les quatorze ou quinze endroits du talus refait en 1865, qui avaient faibli et avaient été provisoirement consolidés avec du foin et des moellons dans les nuits du 29 septembre au 1er octobre, n'ont fait l'objet d'aucun travail solide et durable. La première dépêche télégraphique annonçant une crue dans la haute

Loire, fera trembler à l'idée d'une nouvelle inondation. Et cependant, il faut payer les impositions dont est passible le fonds, puis la quote-part dans les dépenses d'entretien de la levée, puis la quote-part dans les réfections des ruptures !

Une telle situation deviendra bientôt intolérable, si des mesures énergiques et précises ne sont pas adoptées, pour rassurer les populations sur leur avenir et sur la conservation de leurs propriétés.

Mais quelles doivent être ces mesures?

Pour combattre efficacement un fléau, il est indispensable de connaître les faits qui l'ont fait naître, et jusqu'ici l'on est peu d'accord sur la cause des catastrophes qui font l'objet de cette étude, et qu'il importe de trouver.

Dans son rapport sur les inondations de 1866, fait et adressé à l'Empereur dans le mois d'octobre dernier, M. le ministre de La Valette déclare : « que de 1790 jusqu'en 1846, aucune crue extraordinaire n'avait rompu les digues et envahi le val de la Loire, ce qui motive la confiance aveugle que les populations ont mise dans l'insubmersibilité de ces digues ! »

Pourquoi donc, depuis 1846 jusqu'à 1866 les eaux de la Loire sont-elles devenues si terribles ?

Faut-il croire que Dieu a ordonné aux eaux de nos fleuves de dévaster nos riches vallons pour punir les peuples des idées de philosophie et de progrès qui les animent, ainsi que des événements politiques qui ont rappelé nos troupes d'occupation de la Ville éternelle? Une telle pensée ne peut pas être admise ici, ni servir de base à la vérité que nous recherchons.

Mais un fait simple et positif nous permet de répondre comme suit à la question posée :

Lorsqu'en 1835 l'on pensa qu'il était utile de construire les levées ainsi que le pont de la Haute-Chaîne de notre ville (livré à la circulation en 1839), les ingénieurs ainsi que les constructeurs affirmaient que s'il était juste de reconnaître que le lit de la rivière allait se trouver réduit de moitié par les constructions projetées, la théorie démontrait que le courant devant augmenter en raison de la différence du débouché laissé à l'écoulement des eaux de la Maine, les voisins n'auraient pas à en souffrir.

Cependant la population du petit village de Reculée, composée de pêcheurs, et située en amont des ouvrages en question, ne consultant que son simple bon sens, ainsi que l'expérience que lui présentait chaque jour la vue des écluses de la Sarthe et de la Mayenne, cette population inquiète soutint que si le plan projeté était réalisé, il se formerait un comble qui inonderait ses demeures; mais comme elle n'avait plus le bon roi René pour faire prévaloir ses réclamations, les levées furent faites, et dès l'année suivante, il fallut ajouter deux et quatre marches aux rez-de-chaussées des maisons de Reculée, pour empêcher les eaux d'y pénétrer.

Eh bien, Messieurs, si, de ce fait, qui s'applique à une rivière minime si on la compare à la Loire, vous voulez bien reporter votre pensée sur tous les ouvrages cités plus haut, exécutés dans notre département, et dans tous les autres traversés par la Loire, depuis l'impulsion donnée en 1838 et 1839, par le Gouvernement, les Conseils généraux et les communes du royaume, vous reconnaîtrez avec moi que ces travaux sont la seule cause des désastres que nous avons trop souvent à déplorer, et que si l'on veut, ici, faire intervenir le nom de la Divinité, ce n'est que pour reconnaître que Dieu seul est la puissance et l'infaillibilité même! En effet, suivant ses décrets, les eaux de la Loire devaient couler, sans entraves, du mont Gerbier à l'Océan, en suivant le cours et les limites qui leur étaient tracés. Aussi, durant des siècles, il en fut ainsi; mais il y a quelques centaines d'années, nos ancêtres construisirent sur la rive droite du grand fleuve une large levée devenue la route impériale n° 152. Les terres qu'elle isola de la Loire, et qui n'étaient que des espèces de marais, furent bientôt transformées en merveilleuses cultures. Ce riche pays, dont la superficie est d'environ 55,160 hectares, fut bien vite occupé par une population de plus en plus grande, et reçut le nom de vallée de Beaufort.

Cependant l'établissement de cette digue insubmersible portait une grave atteinte à la liberté de la Loire qui s'irrita, plusieurs fois, et notamment dans les années 1361 — 1661 — 1707 — 1710 et 1711, qu'elle rompit la levée à la Chapelle-Blanche, et porta la ruine et la dévastation là où florissaient le bonheur et la richesse!

Ces leçons, répétées et sévères, auraient dû éclairer les gouvernements de la France et leur montrer combien il est dangereux de méconnaître les lois de la nature; mais non. Aveuglés sur les conséquences de leurs œuvres, les ministres et les populations rivalisèrent de zèle, surtout depuis 1839, pour ajouter aux levées parallèles à la Loire des digues perpendiculaires à son cours, et assez étendues pour lui disputer une grande partie de son lit séculaire !

Reconnaissons donc enfin aujourd'hui les dangers de multiplier ainsi des obstacles au cours d'un grand fleuve, dont la marche régulière est assurée par l'ingénieur sans égal, qui a fixé les lois immuables de l'univers !

La cause certaine des inondations (plus fréquentes que jamais depuis vingt années), une fois connue, existe-t-il un moyen de la faire cesser, ou du moins d'en atténuer les douloureux effets? Nous espérons qu'il est possible de répondre affirmativement, et de dire que ce moyen consisterait dans des modifications graves au système actuel, et dans l'adoption de résolutions officielles motivées sur les pensées qui suivent :

S'il était possible d'opérer instantanément le reboisement des montagnes et de faire disparaître les travaux d'art multiples exécutés depuis deux cents ans par la main des hommes, toute crainte d'inondations fâcheuses cesserait sans nul doute; mais si une loi a ordonné le reboisement de ces montagnes induement défrichées, afin de rétablir le plus tôt possible les réservoirs partiels que les tiges et les racines des plantes présentent aux eaux pluviales pour les retenir et les empêcher de se précipiter trop rapidement et en quantités trop considérables dans les plaines, et si cette loi peut faire espérer d'heureux résultats pour l'avenir, il est impossible de songer à faire détruire les levées insubmersibles qui, établies primitivement dans le seul but de préserver les terres cultivables, contre l'effet des grandes crues des fleuves, sont devenues aujourd'hui indispensables pour protéger contre les mêmes crues, non-seulement les terres, mais aussi les fermes, les villages et les villes, que des populations considérables, trop confiantes dans la force de leurs digues, ont édifiées dans les vallées!

Enfin, dans une lettre célèbre, écrite en 1856, de Plombières, au ministre des travaux publics, l'Empereur, voulant calmer les inquiétudes générales, a prescrit des études immédiates sur les moyens d'obvier, pour l'avenir, aux terribles catastrophes produites par les inondations et indiqué, comme sujets principaux de ces études, la construction de vastes réservoirs situés sur les affluents des rivières, de canaux dérivatifs, qui empêcheraient les eaux d'arriver simultanément dans les fleuves, et de déversoirs.

Mais l'efficacité des réservoirs tels qu'on les pourrait établir n'est nullement démontrée;

La construction des canaux dérivatifs suffisants occasionnerait des dépenses impossibles;

Quant aux déversoirs, quels seraient les terrains condamnées à en recevoir les eaux? Dans quelles proportions colossales faudrait-il les calculer, lorsqu'il est démontré qu'en 1856, plusieurs levées rompues, entre Orléans et Tours, le 3 juin, n'ont pu servir à empêcher la rupture de la grande levée à la Chapelle, sur la rive droite, ainsi que l'inondation de la ville de Saumur et la rupture de la digue de Gohier, sur la rive gauche, dès le 4 juin, lendemain de ces premiers désastres!

Ces observations suffisent pour nous faire reconnaître combien, en pratique, lee grands remèdes indiqués dans la lettre impériale présentent de difficultés, d'impossibilités même, et combien il est indispensable de s'arrêter à des projets, moins grandioses, mais le plus tôt possible efficaces et tels que ceux qui peuvent se résumer comme suit :

1° Obtenir du gouvernement de l'Empereur un décret qui défendrait formellement tout travail riverain de la Loire et des autres fleuves et rivières, toutes les fois qu'il aurait pour conséquence possible de réduire, en quoi que ce soit, les débouchés actuels de ces cours d'eau ;

2° Obtenir du Gouvernement et des Chambres des crédits spéciaux qui permettraient 1° de rehausser de 0m,80 à 1 mètre, et d'élargir en proportion, toutes les levées parallèles au cours de ces fleuves et rivières et construire, dans une largeur de 1m,50 à 2 mètres, un pavage, ou au moins un blocage, avec mortier de chaux hydraulique, se reliant avec la partie inférieure, et dans toute la longueur des perrés, pour empêcher les affouillements; 2° de remplacer toutes les levées construites perpendiculairement à ces fleuves et rivières, successivement, suivant les crédits disponibles, par des ponts non suspendus mais fixes et formés d'arches de la plus grande ouverture possible ;

3° Décider que, dans le plus bref délai, les sommes versées annuellement entre les mains des trésoriers des syndicats établis pour la construction et pour l'entretien des digues insubmersibles, seront comptées par les soins de MM. les présidents de ces syndicats et comme primes, ainsi que les subventions proportionnelles accordées par l'État, non pas à une Société d'assurances comme celle proposée au Conseil général de Maine-et-Loire, en 1856 par le sieur Haussman, mais aux principales Compagnies d'assurances contre l'incendie, dont le siége est à Paris, qui, par l'importance de leur ca-

BIBLIOTHÈQUE ... IMPR.

pital social (qui pourrait être augmenté), par les bénéfices qu'elles réalisent chaque année, offriraient toute garantie pour les populations et pour le gouvernement.

Ces compagnies devraient immédiatement composer un personnel d'ingénieurs, d'inspecteurs et d'ouvriers spéciaux, dans chaque localité, qui seraient responsables et auraient tout intérêt à entretenir avec soin les diverses parties des levées en question et notamment les perrés des talus, toute plante qui viendrait à végéter dans les joints devant rigoureusement en être arrachée, puis les joints refaits.

Enfin, ces Compagnies obtiendraient du gouvernement et des communes le droit de faire exécuter, à leurs frais, tels travaux qu'elles jugeraient les plus convenables pour remplir le mieux possible l'importante mission de confiance qui leur serait accordée.

Les polices ou contrats, spéciaux à chaque département menacé par les inondations, par lesquels lesdites Compagnies s'engageraient à garantir les assurés contre les risques et les dévastations des inondations, ainsi que le montant des primes à payer annuellement auxdites Compagnies, pour les rémunérer de leurs soins et de leurs déboursés, seraient fixés dans une assemblée tenue au chef-lieu du département, présidée par le Préfet et composée des présidents des syndicats et des délégués fondés de pouvoir des Compagnies.

Tous les dix ans, ces polices et primes pourraient être maintenues ou modifiées, soit en plus soit en moins, suivant les circonstances, dans une assemblée formée des mêmes éléments que la précédente.

F. LACHÈSE.

Angers, le 25 décembre 1866.

BIBLIOTHÈQUE IMPÉRIALE IMPR.

www.ingramcontent.com/pod-product-compliance
Lightning Source LLC
LaVergne TN
LVHW010329230826
846091LV00009B/3795
9782011788726